Wie schreibt
man heute eigentlich?

Die Autorin
Birgit Woitke ist seit über 20 Jahren in der Unternehmenskommunikation von großen und mittelständischen Unternehmen tätig. 2009 hat sie sich mit ihrer Agentur K2G – die Kommunikationsagentur in Berlin selbstständig gemacht.

*„Ich habe mich selbst immer wieder mit diesen Fragen auseinandergesetzt. Ich fand, es war Zeit für diesen in der Themenzusammensetzung einmaligen Ratgeber, der sich mit Rechtschreibung **und** Sprachstil **und** Korrespondenz beschäftigt."*

Birgit Woitke bietet zu diesen Themen auch Schulungen an.

Birgit Woitke

Wie schreibt
man heute eigentlich?

25 Antworten
auf die alltäglichsten Fragen rund um
Rechtschreibung **und** Sprachstil **und** Korrespondenz

Bibliografische Information der Deutschen Nationalbibliothek:
Die Deutsche Nationalbibliothek verzeichnet diese Publikation in der
Deutschen Nationalbibliografie; detaillierte bibliografische Daten
sind im Internet unter http://dnb.ddb.de abrufbar.

© Birgit Woitke, Berlin 2014

Herstellung und Verlag
BoD – Books on Demand, Norderstedt

Foto und Gestaltung
www.shutterstock.de
K$_2$G – die Kommunikationsagentur, Berlin

Lektorat
Zu guter Letzt, Susann Wendt, Leipzig

Jede Verwertung
nur nach ausdrücklicher Genehmigung der Autorin.

Weitere Infos unter www.k2g.de/seminare.

ISBN:
978-3-7357-8166-6

Inhalt

	Seite
Vorwort	9
Einleitung	11

1. Antwort 13
   Komma ... oder nicht?
2. Antwort 19
   Der/dem/den/das Datum?
3. Antwort 21
   Die Anrede bei Anschreiben
4. Antwort 23
   Der perfekte Textbeginn
5. Antwort 27
   Das Kontaktangebot
6. Antwort 29
   Das perfekte Textende
7. Antwort 33
   „In der Anlage schicken wir Ihnen ..."
8. Antwort 35
   Die Zzzzischlaute
9. Antwort 37
   Bt. verw. Sie k. Abk.!
10. Antwort 39
    Personalisieren Sie!
11. Antwort 41
    „Bitte" und „Danke"
12. Antwort 43
    Gruß, Unterschrift und Postskriptum

13. Antwort	45
Bitte keine Bandwurmsätze	
14. Antwort	47
Der Bindestrich	
15. Antwort	49
Groß- und Kleinschreibung	
16. Antwort	55
Verabschieden Sie sich von „bürokratisch"	
17. Antwort	59
„Möchten" und „würden" Sie noch?	
18. Antwort	61
Benutzen Sie Verrrrben!	
19. Antwort	65
Drei gleiche Buchstaben – Achtung!	
20. Antwort	67
Trennen Sie die Silben	
21. Antwort	69
Lieber „Ja" als „Nein"	
22. Antwort	73
Zusammen- und Getrenntschreibung	
23. Antwort	79
Fremdwörter – eingedeutscht	
24. Antwort	83
Die Abwesenheitsnotiz	
25. Antwort	85
Brief versus E-Mail	
Übersicht Formulierungsalternativen	89
Quellenhinweise	95

Vorwort

Drei in Einem? Das geht nun wirklich nicht!

Doch.

Herzlichen Glückwunsch! Sie halten das einzige mir bekannte Sachbuch im deutschsprachigen Raum in den Händen, das sich mit den Themen Rechtschreibung **und** Sprachstil **und** Korrespondenz beschäftigt.

Wieso dieses Handbuch?
Angefangen hat alles mit einem firmeninternen Kommunikationsseminar, das ich entwickelt und gehalten habe. Die Anforderung lautete: Machen Sie unsere Mitarbeiterinnen und Mitarbeiter wieder fit in Sachen Rechtschreibung und sensibilisieren Sie sie für das Thema Sprache. Eine tolle Aufgabe!

Inzwischen habe ich aus diesen Inhalten ein Tagesseminar konzipiert. Denn ich habe festgestellt, dass sich fast jeder, dem ich von dem Seminar erzählt habe, von den Themen angesprochen fühlte. Und mal ehrlich, Hand aufs Herz: Wer über 40 kann von sich behaupten, wirklich sattelfest in deutscher Rechtschreibung zu sein?

Und was den Sprachstil angeht: Er ist eine noch stark unterschätzte Möglichkeit für Unternehmen, Images zu schaffen und Unternehmenswerte nach außen zu tragen. Denn mit einer modernen, freundlichen, kunden- und dialogorientierten

Tonalität spricht ein Unternehmen erfolgreich Zielgruppen an, erreicht gesetzte Marketingziele und stellt sich professionell auf. Durch Sprache werden Mitarbeiterinnen und Mitarbeiter eines Unternehmens zu erfolgreichen Multiplikatoren, die die Unternehmenswerte lebendig werden lassen.

Leider sehe ich bei den Briefen und E-Mails, die ich selbst täglich erhalte, immer noch viele veraltete, spröde und umständliche Formulierungen. So entstand der Gedanke, meine Erfahrungen aus über 20 Jahren in der Unternehmenskommunikation sowie aus diversen Schulungen zu diesem Thema in einem Leitfaden zusammenzufassen.

Und was haben Sie davon?
Dieses Handbuch ist als Ratgeber gedacht. Als ein Wegweiser, der Ihnen Ihre Fragen beantwortet: „Komma oder nicht?", „Mir fällt keine passende Einleitung ein" oder „Wie war das nochmal mit der Groß- und Kleinschreibung nach dem Doppelpunkt?".

Legen Sie es sich auf oder neben Ihren Schreibtisch und arbeiten Sie damit. Denn so ist das Buch konzipiert – als praktischer Helfer in Ihrem Arbeitsalltag.

Und wenn Sie Fragen haben, auf die Sie hier keine Antwort finden: Ich freue mich auf Ihre Anregungen. Denn diese Themen rechtfertigen mindestens noch eine weitere Ratgeber-Ausgabe.

Birgit Woitke, 2014
birgit.woitke@k2g.de

Ich habe in meinen Texten auf die jeweilige weibliche Form verzichtet, weil ich die Lesbarkeit in den Fokus gestellt habe. Aber selbstverständlich meine ich bei allen Formulierungen Männer wie Frauen gleichermaßen.

Einleitung

Sprache verändert sich. Und das ist auch gut so, denn wer schreibt schon noch so wie vor 150 Jahren.

Für die korrekte Rechtschreibung wurden schon vor Jahrhunderten Grundsätze festgelegt. Und es wird bis heute daran gearbeitet, eingängige Regeln für eine einheitliche Rechtschreibung aufzustellen und an die aktuellen Erfordernisse anzupassen – zuletzt mit der Rechtschreibreform von 1996 beziehungsweise deren Überarbeitung 2004 und 2006. Hier den Überblick zu behalten, erfordert ein hohes Maß an Eigeninitiative und ein Dauer-Abo für die beinahe jährlich erscheinende Neuausgabe des Dudens.

Für den passenden Sprachstil gibt es dagegen nur Faustregeln. Sie entscheiden selbst, ob Sie sie einhalten wollen oder nicht.

Entwicklung der Unternehmenskommunikation
Schauen wir uns doch mal die Unternehmenskommunikation in der Bundesrepublik der 50er Jahre an. Die Unternehmen machten einfach da weiter, wo sie aufgehört hatten: bei einer umständlichen und zeitaufwendigen Kommunikation. Chefs diktierten langatmige und ausführliche Schreiben, Sekretärinnen tippten und legten den Brief zur Unterschrift vor. Der Vorteil: Die Gestaltung der Unternehmenstonalität nach außen war in wenigen Händen, nämlich in denen der Führungskräfte.

Doch diese Art der Kommunikation kostete Zeit. Zeit, die man schon bald nicht mehr hatte. Denn in den 60er Jahren blühten die Geschäfte, immer mehr Korrespondenz musste umgesetzt werden. Die Folge: Mit den umständlichen und zeitraubenden Formulierungen stießen Unternehmen langsam an ihre Grenzen.

Die Folge: Formulierungen wurden verkürzt. Jetzt waren die Briefe zwar übersichtlicher, aber dafür mit Hauptwörtern vollgestopft und nicht das, was wir heute unter verständlichen und kundenfreundlichen Briefen verstehen würden. Behördenschreiben sind ein gutes Beispiel für den Stil dieser Zeit (der in manchen Behörden noch heute zu finden ist).

Die Trends lösten einander ab. So sollten im Laufe der 70er und 80er Jahre Briefe vor allem eins sein: *verständlich* und *kundenfreundlich*. Begriffe wie *dialogfreudig* und *kundenorientiert* setzten sich dann Jahre später durch, als der Aspekt *Individualität* Einzug in die Kommunikationsstrategie von Unternehmen hielt.

Aber nicht jedes Unternehmen und nicht jeder Mensch in diesen Unternehmen ist jedem dieser Entwicklungsschritte gefolgt. So beherrscht heute ein mehr oder minder individuell ausgeprägter Stilmix den Schreibstil von Unternehmen. Und manche Formulierungen früherer Jahrzehnte halten sich überraschend hartnäckig. Auch, und das ist besonders erstaunlich, bei sehr jungen Menschen.

Komma ... oder nicht?

Frage: Wann setze ich ein Komma ... und wann nicht?

„Wir essen, Martin" oder „Wir essen Martin" – ein Komma kann manchmal entscheidend sein.

Trotzdem ist es wohl so, dass kaum jemand über 40 heute noch so ganz genau weiß, wann ein Komma gesetzt wird und wann nicht. Ausgenommen sind natürlich all jene, die sich hauptberuflich mit Texten beschäftigen und über alle Änderungen auf dem Laufenden sind.

Alle anderen greifen auf das zurück, was sie vor Jahren in der Schule gelernt haben. Doch das ist mitunter lange her, und wer nun gerade keine Kinder im schulpflichtigen Alter hat und mit diesen die neuen Regeln lernen kann, hat kaum eine Chance, sich mit der veränderten Kommasetzung vertraut zu machen.

Auch die regelmäßige Lektüre von Büchern oder Zeitungen hilft nicht weiter, da nicht jeder Verlag die jeweils neuen Regeln anwendet. Die Frage bleibt also: Komma ... oder nicht?

Vorschlag: Sie können die Frage häufig umgehen, indem Sie kurze Sätze schreiben. Das ist völlig in Ordnung (siehe auch „Bitte keine Bandwurmsätze"). Trotzdem werden Sie an der Frage nicht immer vorbeikommen.

Daher finden Sie hier eine Auflistung der wichtigsten Kommaregeln beziehungsweise der Regeln, die sich verändert haben:

1. Ein Komma trennt den *Haupt- vom Nebensatz.*

- *Er hat seine Prüfung nicht bestanden, weil er nicht genug gelernt hatte.*
- *Die Blätter fallen vom Baum, der schon bald mit Schnee bedeckt sein wird.*
- *Wir fahren immer nach Frankreich, obwohl Italien auch schön ist.*

2. Ein Komma trennt *Hauptsätze* voneinander.

- *Das Esszimmer war angenehm warm, leise Musik rieselte aus dem Lautsprecher, auf dem Tisch standen fünf Kerzen.*
- *Ich komme morgen nach Paris, aber es kann spät werden.*

Die Ausnahme beziehungsweise Ihrem eigenen Ermessen überlassen (fakultativ): Das Komma bei Hauptsätzen, die durch **und/oder/beziehungsweise** verbunden sind:

- *Er studiert noch(,) und sie arbeitet schon.*

3. Ein Komma trennt *Nebensätze* voneinander.

- *Ich wäre froh, wenn du dich melden würdest, wenn du gut angekommen bist.*
- *Ich kann mich nicht an den Titel des Buches, das ich las, als ich im Krankenhaus lag, erinnern.*

4. Ein Komma wird bei *Appositionen* (Einschüben) gesetzt.

- *Der Professor, ein etwas in die Jahre gekommener Mann, war gestern zu Besuch da.*
- *Er kochte, unerfahren aber voller Tatendrang, seine erste Kürbissuppe.*
- *Meine Mutter, frisch und vital, betrat gut gelaunt den Raum.*

5. **Wenn ein Vergleich mit *als* und *wie* in einem Nebensatz formuliert ist, muss ein Komma gesetzt werden.**

- *Seine Leistungen waren besser, als seine Lehrer erwartet hatten.*
- *Wir fuhren in den Urlaub, wie wir es geplant hatten.*
- *Er sah genau so aus, wie sie es sich vorgestellt hatte.*

6. **Ein Komma wird zwischen Satzelemente gesetzt, die durch eine der folgenden *Konjunktionen* (Bindewort) verbunden sind:**

   einerseits/andererseits
   ob/ob, teils/teils
   nicht nur/sondern auch
   je (mehr)/desto
   halb/halb
   zum einen/zum anderen

- *Einerseits möchte ich nach Rom, andererseits ist Prag auch schön.*
- *Ich möchte nicht nur Auto fahren, sondern auch Rennen gewinnen.*
- *Je mehr sie es wollte, desto weniger wollte es ihr gelingen.*
- *Halb hatte er zugestimmt, halb widerstrebte ihm die Art ihres Vorgehens.*

7. **Ein Komma steht auch vor entgegengesetzten oder einschränkenden *Konjunktionen*:**

aber	**allein**
doch	**allerdings**
jedoch	**vielmehr**
dennoch	**zwar/aber**
sondern	

- Es war ein schönes Wochenende, aber leider etwas verregnet.
- Das Kleid gefiel ihr, jedoch war es ihr ein bisschen zu lang.
- Das Konzert war nicht nur laut, sondern auch schwach besucht.

8. **Ein Komma wird bei *nachgestellten Erläuterungen* gesetzt, eingeleitet durch:**

    nämlich
    wie
    beispielsweise

- An einem Tag war der Biologieunterricht besonders interessant, nämlich am Freitag.
- Bücher von deutschsprachigen Autoren sind oft schwer zu lesen, beispielsweise die von ...

9. **Zwischen Hauptsätzen, gleichrangigen Nebensätzen und Aufzählungen, die mit einer der folgenden Konjunktionen verbunden sind, steht *kein Komma*:**

    und
    oder
    wie
    sowie
    beziehungsweise
    sowohl ... als auch
    entweder ... oder
    weder ... noch
    nicht ... noch

- Er ist ein attraktiver und reicher Mann.
- Weder Sturm noch Regen konnten sie abhalten.
- Entweder du gehst jetzt einkaufen oder wir essen den Braten von gestern.

10. Infinitivgruppe *mit* und *ohne* Komma

a) Man kann bei einem **einfachen Infinitiv (Verb + zu)** die **Kommas weglassen**, sofern keine Missverständnisse entstehen.

- *Seine Angst(,) zu versagen(,) war unbegründet.*
- *Wir zweifeln nicht daran(,) zu gewinnen.*
- *Sie äußerte den Wunsch(,) zu schlafen.*

b) **Ein Komma** kann die Infinitivgruppe mit **zu** vom Rest des Satzes trennen, um Missverständnisse auszuschließen.

- *Wir empfehlen(,) ihm zu folgen.*
- *Wir empfehlen ihm(,) zu folgen.*

11. Infinitivgruppe ohne Komma

Das Komma wird **weggelassen**, wenn die Infinitivgruppe von einem Hilfsverb (**haben, werden, sein**) oder einem modifizierenden Verb (**brauchen, pflegen, scheinen**) abhängig ist.

- *Sie haben uns gar nichts zu befehlen!*
- *Du brauchst dich wegen dieser Sache nicht zu schämen.*
- *Er scheint heute schlecht gelaunt zu sein.*

12. Infinitivgruppe mit Komma

a) Infinitivgruppen werden durch **Komma abgetrennt**, wenn sie mit

> **als**
> **anstatt**
> **außer**
> **ohne**
> **(an)statt**
> **um**

eingeleitet werden.

- *Ich kenne nichts Besseres, als mit einem Buch am Kamin zu sitzen.*
- *Ihr könnt nichts tun, außer abzuwarten.*
- *Wir wollen helfen, statt nur zu reden.*

b) Infinitivgruppen werden durch **Komma abgetrennt**, wenn sie von einem **Substantiv** (Hauptwort) abhängen.

- *Mein Vorschlag, ins Kino zu gehen, wurde verworfen.*
- *Ihre Idee, den Kleidersaum zu kürzen, brachte ihr ein Lob ein.*
- *Der Arzt gab mir den Rat, mich sofort hinzulegen.*

c) Infinitivgruppen grenzt man **mit Komma** ab, wenn sie von einem Korrelat oder einem **Verweiswort** abhängen.

- *Unserer Firma liegt sehr daran, das Hotel zu übernehmen.*
- *Sie hasst es, mittags zu kochen.*

13. Ein Komma wird nach einer Anrede gesetzt.

- *Sehr geehrte Frau Schmitz, ich wende mich an Sie (...)*
- *Lieber Carlo, bald wirst du endlich Vater (...)*
- *Hans, lass mich bitte allein.*

Soweit also die wichtigsten Regeln, wobei sich die Kommasetzung bei den Infinitivsätzen am stärksten verändert hat. Leider bleibt nichts anderes, als diese Regeln auswendig zu lernen – da gibt es kein Entrinnen.

Der/dem/den/das Datum?
Frage: Wie schreibe ich das Datum korrekt?

Der/dem/den/das Datum?!?

In der Praxis wird sehr oft die Frage nach der richtigen Schreibweise von Datumsangaben gestellt. Daher hier nochmal die Regel:

Mehrteilige Datumsangaben gliedert man durch Kommas. Das schließende Komma vor der Weiterführung des Satzes ist jedoch freigestellt.

- *Heute ist Mittwoch, der 28. Mai 2014.*
- *Die Sitzung findet am Mittwoch, dem 28. Mai, 12 Uhr(,) im Grand Hotel statt.*
- *Sie kommen Samstag, den 07.06.2014, um 8 Uhr (,) in Berlin an.*
- *Für Freitag, den 13. August (,) ist Unwetter angesagt.*

Die Anrede bei Anschreiben
Frage: Welche Alternativen gibt es zu „Sehr geehrter ..."?

Bei vielen Unternehmen hat die E-Mail den Brief als Kommunikationsmedium nahezu abgelöst. Die schriftlichen Dialoge mit Kunden und Geschäftspartnern werden heute vorwiegend elektronisch abgewickelt – schnell und unbürokratisch.

In eine solche Kommunikation passen allzu förmliche Anreden nicht mehr! Oder doch? Was ist noch höflich und professionell, ohne zu formell zu sein?

Die formellste Anrede ist zweifellos das seit jeher bekannte

> *Sehr geehrte/r ...*

Und damit liegen Sie auch heute nicht falsch, wenn Sie einen höflichen Eindruck vermitteln wollen.

Moderner und weitaus offener klingen Anreden wie:

> *Guten Morgen, Herr...*
> *Guten Tag, Frau ...*

Das für Viele unsägliche

> *Hallo Frau/Herr ...*

ist aber auch vertretbar, insbesondere, wenn bereits einige E-Mails gewechselt wurden und es nicht der erste Kontakt zwischen zwei Schreibenden ist.

Entscheiden Sie also selbst, wie förmlich der Kontakt sein soll, den Sie mit Ihrer E-Mail herstellen wollen, und schreiben Sie entsprechend.

Noch ein Hinweis: Wenn Ihr Geschäftspartner eine wesentlich herzlichere Variante einführt, indem er seine E-Mail beispielsweise mit

Liebe Frau …/Lieber Herr …

eröffnet, können Sie das in gleicher Weise erwidern.

Der perfekte Textbeginn
Frage: Was ist die perfekte Einleitung?

Jeder, der regelmäßig Anschreiben verfassen muss, kennt die gängige Struktur eines professionellen Textes: Anrede, Einleitung, Hauptteil, Abschluss, Kontaktangebot, Gruß, Unterschrift, eventuell ein Postskriptum.

Da die Zeit oft knapp ist, wird diese Struktur jedoch leider nicht immer durchweg eingehalten. So kommt es nicht selten vor, dass die Einleitung oft einfach mal wegfällt.

Die Folge: Das Schreiben beginnt irgendwie „mittendrin", und der Empfänger wird unsanft in das Thema gestoßen. Insbesondere bei heiklen Anliegen ist das ausgesprochen unpassend. Und die oft verwendete Floskel

> *vielen Dank für Ihre E-Mail / Ihr Schreiben vom ...*

wirkt aufgrund ihrer Beliebigkeit unpersönlich und passt auch nicht immer.

Vorschlag: Beginnen Sie doch einfach ganz konkret und positiv! Ein positiver Einstieg beeinflusst sofort das Gefühlsklima.

Beginnen Sie daher, wo immer möglich, mit *Dank* oder *Freude* für eine konkrete Nachfrage.

Hier einige Beispiele:

Standard	Besser
Vielen Dank für Ihr Schreiben vom …	• Herzlichen Dank für Ihr Interesse an … • Gern bestätigen wir … • Vielen Dank für Ihr Interesse an … . Sie erhalten … • Besten Dank für (die Lieferung/die Information etc.) … • Danke für Ihre rasche Rückmeldung. • Über Ihre Zusage haben wir uns sehr gefreut.
Wir nehmen Bezug auf Ihr o. g. Schreiben vom …	• Vielen Dank für die wichtigen Informationen über … • Vielen Dank, dass Sie uns über … informiert haben. • Vielen Dank für Ihr Schreiben vom …, in dem Sie uns über … informiert haben. Hier haben Sie sehr schön die Abkürzung „o. g." vermieden (siehe auch „Abkürzungen").

Haben Sie vielen Dank für Ihr o. g. Schreiben, dessen Eingang wir hiermit bestätigen. oder *Wir bestätigen Ihnen den Eingang/den Erhalt Ihres Schreibens vom ...*	• Vielen Dank für Ihr detailliertes Schreiben vom ... . • Vielen Dank für Ihre ausführliche und schnelle Reaktion. • Vielen Dank für Ihr Schreiben vom ..., das wir mit großem Interesse gelesen haben. • Wir bedanken uns für Ihr Schreiben (vom ...) und bedauern die Unannehmlichkeiten, die Ihnen entstanden sind/freuen uns über ... • Vielen Dank für die ausführlichen Informationen. Hier haben Sie die Abkürzung „o. g." ebenfalls sehr schön vermieden (siehe auch „Abkürzungen").

Das Kontaktangebot
Frage: Muss ich wirklich meine Kontaktdaten angeben?

In allen Seminaren zu diesem Buch taucht immer wieder die Frage auf, ob denn wirklich und in jedem Fall in allen Anschreiben die Kontaktdaten angegeben werden müssen.

Die Antwort lautet: Ja!

Dialogorientierte und kundenfreundliche Unternehmen bieten selbstverständlich an, dass man mit ihnen ins Gespräch kommen kann, falls es Fragen geben sollte. Hierfür wird ein konkreter, mit Namen genannter Ansprechpartner angegeben sowie die Kontaktdaten, über die diese Person zu erreichen ist.

Bei einer E-Mail ist der Raum für diese Angaben die Signatur, die Sie unter Ihre E-Mail setzen.

Wie ist das bei Briefen? Reicht es denn nicht aus, die Kontaktdaten in der Kopf- oder Fußzeile des Briefbogens aufzulisten? Die Antwort lautet: Eher nicht! Haben Sie sich diese Briefbögen mal angesehen? Oft sind diese Angaben in nur sehr kleinen Schriftgrößen gestaltet – weil es zum Corporate Design passt und besser aussieht. Doch tatsächlich wird es ab einem bestimmten Alter einfach schwirig, Angaben in Schriftgröße sechs zu entziffern. Sie kennen das vielleicht?

Deshalb die Empfehlung bei Briefen: Schreiben Sie Ihre Telefonnummer in den Fließtext. Ihr Kunde wird es Ihnen danken. Hier einige Formulierungsvorschläge:

- *Haben Sie noch Fragen? Oder wünschen Sie weitere Informationen? Dann wenden Sie sich bitte an <Vor- und Nachname> unter der Telefonnummer ... Er/Sie berät Sie gern.*

- *Fragen beantwortet Ihnen gern unsere Sachbearbeiterin <Vor- und Nachname>. Sie erreichen sie montags bis freitags von ... bis ... unter <Telefonnummer>.*

- *Wir sind gern für Sie da: <Kontaktdaten>*

- *Bei Fragen rufen Sie uns bitte an. Wir beraten Sie gern. Sie erreichen uns ...*

- *Sie haben noch eine Frage? Bitte rufen Sie uns einfach an. Sie erreichen uns ...*

Noch ein Wort zu dem Versprechen, jederzeit zur Verfügung zu stehen, wie es so häufig zu lesen ist (*„Für Ihre Fragen stehen wir Ihnen jederzeit gerne zur Verfügung."*).

Abgesehen davon, dass es oft nicht stimmt (*„jederzeit"* meint Tag und Nacht, 24 Stunden, auch am Wochenende – und das dürfte wohl nur für Notdienste zutreffen), stehen Menschen grundsätzlich nicht *„zur Verfügung"*.

Dinge stehen zur Verfügung. Menschen helfen gern weiter, beantworten Fragen oder sind für ihre Kunden da. Versuchen Sie es mal!

Das perfekte Textende
Frage: Wie beende ich ein Schreiben?

Sie wissen jetzt, wie Sie Ihr perfektes Anschreiben beginnen. Aber wie schließen Sie es ab? Was gehört außer „Mit freundlichen Grüßen" noch dazu?

Die letzten Sätze eines Schreibens sind sehr wichtig, insbesondere, wenn dieses sehr lang ist. Denn oft wird gar nicht der komplette Brief gelesen. Sie kennen das vielleicht: Sie haben einen Brief bekommen, den Sie nur rasch querlesen. Das heißt, Sie lesen die Einleitung, überfliegen den Mittelteil und lesen dann erst wieder am Ende des Schreibens genauer – ein ganz typisches Leseverhalten. Daher ist der Schluss von besonderer Bedeutung. Schauen wir uns an, was in den letzten Zeilen stehen sollte:

Abschluss
Sie haben im Hauptteil Ihres Schreibens Informationen vermittelt, ein Kontaktangebot gegeben und möchten nun zu einem positiven Abschluss kommen. Oder Sie wollen sich vorab für die Unterstützung bedanken (siehe auch „Bitte" und „Danke").

Hierfür gibt es folgende Formulierungsmöglichkeiten:

Standard	Besser
In der Hoffnung auf … verbleiben wir …	• Schon heute vielen Dank für Ihre Unterstützung.
Wir hoffen, Ihnen mit dieser Information gedient zu haben und verbleiben …	• Bitte antworten Sie uns bis … Vielen Dank!
	• Wir freuen uns auf Ihre Antwort.
Wir wünschen Ihnen …. und verbleiben …	• Bitte schicken Sie uns … bis zum … zu. Vielen Dank!
	• Wir freuen uns darauf, von Ihnen zu hören.
In der Hoffnung, Ihnen behilflich gewesen zu sein, verbleiben wir …	• Mit der (Bonuskarte/Gutschrift etc.) entschuldigen wir uns bei Ihnen und danken für Ihr Verständnis.
	• Wir bedanken uns für … /Wir danken Ihnen für …
	• Wir hoffen, dass wir Ihnen weitergeholfen haben.
	• Wir hoffen, dass Ihnen unsere Informationen weitergeholfen haben und freuen uns auf Ihre Rückmeldung.

Im Kapitel „Verabschieden Sie sich von ‚bürokratisch'" finden Sie weitere Hinweise zu den Alternativen für veraltete Wendungen. Neben dem nahezu höfischen *„In der Hoffnung, Ihnen gedient/ geholfen zu haben, verbleiben wir ..."* finden sich in diesem Kapitel weitere schöne Beispiele, die es zu bestaunen gilt. Zu bestaunen deshalb, weil sie tatsächlich so antiquiert sind, aber dennoch sehr häufig verwendet werden.

Appell: Bitte *„verbleiben"* oder *„dienen"* Sie nicht mehr und seien Sie auch nicht *„in der Hoffnung"*. Dafür gibt es wirklich passendere Formulierungen.

„In der Anlage schicken wir Ihnen ..."
*Frage: Wie schreibe ich denn sonst,
dass ich etwas mitschicke?*

In der Anlage ...

... da blühen die Blumen. Aber von da schicken wir nun schon seit Jahren nichts mehr mit! Auch sehr beliebt:

Hiermit schicken wir ...

Stellt sich die Frage: „Na, womit denn sonst"?

Oder, eine ebenfalls gern verwendete Variante in diesem Bund von veralteten Formulierungen:

Beiliegend schicken wir ...

Unabhängig davon, dass bei einer E-Mail ein Anhang durch das Briefklammersymbol sofort erkennbar ist, geht doch meist schon aus dem Text hervor, dass ein Dokument mitgeschickt wurde. Dieses Dokument soll schließlich informieren oder ausgefüllt zurückgeschickt werden. Der Hinweis auf einen Anhang ist daher in vielen Fällen überflüssig. Denn meist schreiben Sie ja schließlich nur aus diesem Grund, oder nicht?

Wenn Sie trotzdem darauf hinweisen wollen, dass Sie Informationen oder ein Formular mitschicken, gibt es folgende Formulierungsmöglichkeiten:

Standard	Besser
In der Anlage schicken wir Ihnen die angeforderten Unterlagen.	Sehr gern schicken wir Ihnen die angeforderten Unterlagen zu.
Hiermit müssen wir Ihnen leider mitteilen, dass wir Ihr Angebot nicht berücksichtigen können.	Vielen Dank für Ihr Angebot, das wir jedoch leider nicht berücksichtigen können.
Hiermit bestätigen wir Ihnen den Erhalt Ihres Angebots.	Wir haben Ihr Angebot erhalten. Vielen Dank.
Vielen Dank für Ihr Interesse. Beiliegend übersenden wir Ihnen unsere Informationen zu unserem geplanten Event …	Wir freuen uns über Ihr Interesse an unserem geplanten Event. In unserem Flyer finden Sie weitere Informationen …

Was noch fehlt:

In Bezug auf … oder *bezugnehmend auf*

klingt ungefähr so kundenfreundlich wie der letzte Steuerbescheid. Diese förmlichen und veralteten Formulierungen sollten in Texten, die ein kundenorientiertes und modernes Unternehmen an seine Kunden und Geschäftspartner schickt, vermieden werden.

Die Zzzzischlaute
Frage: Wann schreibe ich „ß" und wann „ss"? Und wie war das nochmal mit „das" und „dass"?

Bei der Frage „ss" oder „ß" gibt es oft die mehr oder weniger gleiche Aussage: *„Ich weiß nicht mehr, wann man ein „ß" benutzt und wann „ss". Ich schreibe deshalb einfach alles mit „ss" – damit liege ich meist richtig."*

Na ja, so kann man es auch machen. Aber *„meist richtig"* ist eben nicht *„immer richtig"*. Und das sollte es insbesondere in der schriftlichen Kommunikation mit Kunden und Geschäftspartnern doch schon sein.

Dabei ist die Regel so leicht:
Wird der Vokal **kurz** gesprochen, schreiben Sie das Wort bitte mit **„ss"**:

> *Fass, Stress, Biss, Missverständnis, Fluss, muss, passt, bisschen*

Wird der Vokal dagegen **laaaaang** gesprochen, verwenden Sie bitte ein **„ß"**:

> *Straße, Grießbrei, Muße, Spaß, saß*

Ein **„ß"** steht außerdem nach einem Diphthong (Doppellaut), also nach **au, äu, ei, eu**:

> *außer, äußern, Fleiß, preußisch, weiß, reißen*

Wenn also eine große Supermarktkette mit *„Süssstoff"* wirbt oder ein Elektromarkt eine *„Grosse Neueröffnung"* ankündigt, wird klar, dass das Unternehmen den Lektor wechseln sollte.

„s" oder „ß"?
Ganz einfach: Verlängern Sie die Wörter.
Bleibt es ein **hartes „s"**, wenn Sie das Wort verlängern, wird es mit **„ß"** geschrieben:

Gruß – Grüße

Wird es ein **weiches „s"**, wenn Sie das Wort verlängern, schreiben Sie es mit **„s"**:

Gras – Gräser

„das" oder „dass"?
Die Regel hierfür haben Sie schon in der Schule gelernt – und sie gilt noch heute (wie schön, dass es das auch noch gibt!):

Nur wenn **„das"** durch die Wörter **dieses/jenes/welches** ersetzt werden kann, ohne dass der Satz dadurch verändert wird, schreiben Sie es bitte mit **„s"**.

Das Obst, das an den Bäumen hängt, ist noch nicht reif.

Wenn „dass" eine **Konjunktion** (Bindewort) ist, wird es mit **„ss"** geschrieben:

Ich hoffe, dass wir uns bald sehen.
Dass die Mannschaft siegen würde, wurde nie bezweifelt.

Übrigens: *„daß"* mit *„ß"* gibt es überhaupt **nicht mehr**. Aber das wussten Sie bestimmt schon, gell?!

Bt. verw. Sie k. Abk.!
Frage: Wieso soll ich denn keine Abkürzungen mehr verwenden?

„Mfg – Mit freundlichen Grüßen", so titelten schon die „Die Fantastischen Vier". Und wer den Song kennt, weiß, dass es hier nur so von Abkürzungen wimmelt.

Das ist in einem Liedtext kreativ und innovativ. In einem professionellen Schreiben hingegen stoppen Abkürzungen den Lesefluss und sind somit eher störend. Sie können sogar das Leseverständnis erschweren, denn ganz sicher ist es nie, ob alle Empfänger die verwendeten Abkürzungen auch verstehen.

Ein Beispiel aus der Praxis: Ein Rentendienstleister verschickt jährlich ein Anschreiben mit dem Hinweis

Nach § 149 Abs. 5 SGB VI stellen wir die in dem beigefügten Versicherungsverlauf enthaltenen Daten, die länger als sechs Kalenderjahre zurückliegen, also die Zeiten bis 31.12.20xx, verbindlich fest, soweit ...

... und hier bin ich weg.

Der Text ist sicher informativ gemeint. Aber wer kein Jurist ist, weiß wohl eher nicht, was der zitierte Paragraf aussagt.

Und mehr noch: Die Wahrscheinlichkeit, dass dieser Bandwurmsatz noch mit Interesse weitergelesen wird, ist relativ gering.

Schade, Kommunikationsziel verfehlt.

Aber es gibt natürlich auch andere Abkürzungen, die wir fast alle verstehen und die sehr geläufig sind:

z. B., i. H. v., i. d. R., u. v. m., ggfs., bspw., lfd. J., d. M., bzw., ff.

Seminarteilnehmer fragen immer wieder: „Warum soll ich die denn jetzt nicht mehr verwenden?"

Testen Sie selbst. Wenn Sie diese Abkürzungen in einem Text verwenden und diesen dann lesen, stoppen Sie dann nicht automatisch bei den Abkürzungen? Ja, oder? Deshalb die Empfehlung: Schreiben Sie Abkürzungen besser aus! Oder formulieren Sie gleich anders (so kann aus „z. B." das Wort „beispielsweise" werden).

Noch ein Tipp: Lassen Sie bei der Formulierung *„in Höhe von" (i. H. v.)* doch mal die ersten beiden Wörter weg. Meist reicht das *„von"* schon aus.

Wenn Sie in einem Text trotzdem Abkürzungen verwenden wollen oder müssen, erklären Sie sie. Schreiben Sie das betreffende Wort einmal aus und setzen Sie die Abkürzung in Klammern dahinter. Danach können Sie die Abkürzung getrost verwenden und sicher sein, dass der Leser sie versteht. Ein Beispiel:

> *... steht in unseren Allgemeinen Geschäftsbedingungen (AGB).*

Erklärungen und Erläuterungen immer an das Satzende
Stellen Sie längere Erklärungen und Erläuterungen immer an das Satzende. Das betrifft vor allem Allgemeine Geschäftsbedingungen oder Hinweise auf Gesetzeserläuterungen. So hat der Leser die Chance, den Inhalt des Satzes zu erfassen, bevor der Hinweis auf Paragrafen oder Vertragsbedingungen folgt.

Personalisieren Sie!
Frage: Wie kann ich Kunden direkt ansprechen?

Sicherlich erhalten Sie auch wöchentlich Briefe von Anbietern für Strom, Wasser oder Telekommunikation. Und es sind bestimmt auch hin und wieder Möbelanbieter oder Banken dabei?!

Ist Ihnen das auch schon mal aufgefallen: In fast allen Briefen fordern diese Unternehmen uns auf, etwas zu tun. Wenn man sich diese Briefe dann jedoch mal ganz genau anschaut, taucht ganz unvermittelt die Frage auf: *„Warum schreiben sie es dann nicht auch so?"*

Denn leider, leider haben Unternehmen die Angewohnheit, in solchen Anschreiben vor allem über sich selbst zu schreiben:

>*Wir sind …* oder *Wir können …*
>oder, auch sehr beliebt, *Wir bieten Ihnen …*

Wie langweilig!

Da wundert es nicht, dass Kunden sich nicht angesprochen fühlen und nicht auf den Brief reagieren.

Vorschlag:
Personalisieren Sie! Sprechen Sie Ihre Kunden an, appellieren Sie oder stellen Sie Fragen, aber verzichten Sie auf die Eigendarstellung. Wie Ihnen das gelingt? Mit einer direkten Ansprache!

Prüfen Sie selbst: Fühlen Sie sich nicht auch stärker aufgefordert, wenn Sie direkt angesprochen werden?

Statt beispielsweise …

> *Weitere Informationen haben wir in unseren FAQs aufgeführt.*

… zu schreiben, versuchen Sie es doch mit

> *Weitere Informationen finden Sie in unseren FAQs.*

…, wobei zu hoffen ist, dass Ihre Kunden wissen, was FAQs sind (siehe auch „Bt. verw. Sie k. Abk.!").

In der folgenden Übersicht finden Sie noch weitere Beispiele:

Standard	**Besser**
Wir schicken Ihnen diese Informationen vorab per E-Mail zu.	Sie bekommen die Informationen vorab per E-Mail.
Wir bestätigen Ihnen den Erhalt der uns zugesandten Unterlagen.	Vielen Dank, dass Sie uns die notwendigen Unterlagen zugeschickt haben.
Wir bitten in dieser Sache um einen Rückruf.	Bitte rufen Sie uns zurück. Vielen Dank.

„Bitte" und „Danke"
Frage: Wo und wie oft platziere ich einen Dank?

Man kann sich nicht zu viel bedanken. Bedanken Sie sich dagegen einmal zu wenig – oh, oh! Wenn Sie Glück haben, findet Ihr Gegenüber Sie dann einfach nur unhöflich.

Dabei ist es so leicht, sich angemessen zu bedanken. Schreiben Sie einfach hinter eine geäußerte Bitte auch einen Dank. Gleich hinterher. Auch wenn es mitten im Brief ist.

> *Bitte schicken Sie uns die ausgefüllten Anmeldebögen zurück. Vielen Dank.*

Wenn Sie dann Ihr Schreiben fortsetzen und am Ende Ihres Textes noch ein abschließendes …

> *Vielen Dank für Ihre Unterstützung. Herzliche Grüße …*

… setzen, haben Sie sich unangreifbar gemacht, was „Danke" und „Bitte" angeht.

Und noch besser: Ihr Gegenüber wird den Ton Ihrer Ausdrucksweise sicher sehr angenehm finden und Ihnen in gleicher Form antworten.

Und seien wir ehrlich, es macht doch viel mehr Spaß, nett miteinander umzugehen, oder?

„Unterstützung" versus „Bemühungen"

Noch eine Anmerkung zum Dank für *„Ihre Bemühungen".* Vielleicht geht es Ihnen auch so, dass schon allein das Wort *„Bemühungen"* sofort Assoziationen von *„Mühe"* und *„Schwere"* auslöst. Oder die Idee von *„vergeblicher Mühe".*

Und das wollen Sie doch sicher auf keinen Fall sagen, sondern sich im Gegenteil für die Unterstützung, Hilfe oder Mitarbeit bedanken.

Vorschlag daher: Sagen Sie es auch so! Denn wer freut sich nicht, wenn der andere die geleistete Unterstützung oder Hilfe als solche anerkennt.

Gruß, Unterschrift und Postskriptum
*Frage: Was ist an „Mit freundlichen Grüßen"
nicht OK?*

Der Gruß am Ende eines Schreibens sollte nicht zur Floskel erstarren.

Schon der Austausch des so gewöhnlichen *„Mit freundlichen Grüßen"* durch ein *„Herzliche Grüße aus dem winterlichen Berlin"* bewirkt ein positives Echo.

Hier einige Beispiele, wie Sie höflich, freundlich oder gar herzlich grüßen können:

- Herzliche/Beste Grüße
- Freundliche Grüße nach ...
- Herzliche Grüße und einen erfolgreichen Start in die Woche
- Sommerliche Grüße aus Berlin
- Wir wünschen Ihnen schöne Feiertage.
- Beste Grüße aus dem verregneten Hamburg
- Viele Grüße nach Bayern
- Sehr herzliche Grüße und ein schönes Wochenende
- Wir wünschen Ihnen eine erfolgreiche Woche.
- Vielen Dank für Ihre Unterstützung, herzlichst ...
- Wir freuen uns darauf, von Ihnen zu hören.
- Vielen Dank für Ihre rasche Rückmeldung. Herzliche Grüße

Die Unterschrift
Damit Ihr Gegenüber weiß, mit wem er es zu tun hat, machen Sie es ihm leicht: Schreiben Sie Ihren Vor- und Zunamen über oder unter den Unternehmensnamen. Denn bei ...

W. Wacker, Abc GmbH

... weiß leider keiner, ob es sich beim Absender um einen Mann oder eine Frau handelt, was eine Antwort dann schwierig macht.

„Wie spreche ich einen Absender an, wenn ich den Vornamen nicht kenne oder wenn ich nicht zuordnen kann, ob es sich um einen weiblichen oder männlichen Vornamen handelt?" – gute Frage! Antwort: Belassen Sie es zunächst bei einem *„Guten Morgen"* oder *„Guten Tag aus ... "* und warten Sie ab, ob Sie aus der nächsten E-Mail oder dem nächsten Brief erkennen können, ob Sie es mit einem Mann oder einer Frau zu tun haben.

PS – Das Postskriptum
Halt, da war doch noch was. Manche Unternehmen wenden einen besonderen Kniff an, um die Aufmerksamkeit der Leser auf sich zu ziehen: Sie nutzen ein ganz am Ende des Briefes platziertes Postskriptum für weitere Mitteilungen. Warum Unternehmen das tun, ist ganz klar. Sie orientieren sich an dem Leseverhalten, das bereits beschrieben wurde: Der Lesende überfliegt den Mittelteil (bekommt vielleicht gar nicht alle Informationen mit) und fängt erst am Ende des Schreibens wieder genauer an zu lesen. Dort, wo die gestalterisch appetitlichen Texthappen warten, die schnell zu erfassen sind. Der perfekte Platz also, Angebote zu präsentieren oder Marketinghinweise zu geben.

Bitte keine Bandwurmsätze
Frage: Sind kurze Sätze nicht unprofessionell?

„Entschuldige die Länge des Briefes, ich hatte keine Zeit, mich kurz zu fassen", schrieb schon Goethe (und vor ihm andere kluge Menschen) und bringt es damit auf den Punkt: Es ist viel einfacher, einen Sachverhalt langatmig zu beschreiben, als sich auf das Wesentliche zu konzentrieren und kurzzufassen.

Doch unsere heutige Kommunikationskultur ist von Schnelligkeit geprägt. Textinhalte sollten also rasch erfassbar, das heißt in erster Linie schnell verständlich sein. Dafür sind kurze Sätze unerlässlich.

Kurze Sätze vermitteln ihre Inhalte sofort schnell und anschaulich. Lange Sätze dagegen, oft umständlich formuliert und mit mehreren Kommas versehen, die die eingerückten Einschübe abtrennen, kommen, zum großen Verdruss des Verfassers, nicht immer bei allen Lesern so gut an, wie es sich der Verfasser wünschen würde.

Alles klaro?

Lange Sätze sind schwerer zu verstehen. Und müssen deswegen mehrfach gelesen werden, damit sie verstanden werden.

Die Empfehlung lautet daher:

> **„Jedem Gedanken ein eigener Satz.**
> **Hauptsächliches in Hauptsätze.**
> **Nebensächliches in Nebensätze."**

Das hat gleich mehrere Vorteile: Zunächst verlieren Sie nicht des „Pudels Kern" aus den Augen und schaffen klare Aussagen, für die der Leser Ihnen danken wird. Wenn Sie kurze und damit für den Leser verständliche Sätze schreiben, wird Ihr Text gern gelesen. Und wer möchte das nicht?! Positiver Nebeneffekt: Sie umgehen überdies die Frage *„Komma oder nicht".*

Damit Ihr Text nun aber nicht zu monoton klingt oder sich wie eine SMS anhört, variieren Sie: bei der Satzlänge, Ihrer Wortwahl und den Satzzeichen, die Sie verwenden.

Mischen Sie verschieden lange und kurze Sätze. Das macht Ihren Text interessanter zu lesen.

Langweilen Sie Ihre Leser nicht damit, in Ihrem Text dasselbe Wort immer wieder lesen zu müssen. Unsere Sprache bietet doch wirklich genug Alternativen!

Punkt, Punkt, Komma, Strich, fertig ist das Mondgesicht? Tatsächlich benutzen wir hauptsächlich den Punkt, das Komma, das Fragezeichen und vielleicht noch das Ausrufezeichen als Satzzeichen. Wie wäre es, wenn Sie es mal mit dem Gedankenstrich versuchen? Oder hin und wieder mit einem Doppelpunkt? Ihre Texte werden sofort dynamischer.

Versuchen Sie es mal!

Der Bindestrich

Frage: Wann trenne ich Wörter mit einem Bindestrich?
Und wann nicht?

Auch zum Thema Bindestrich hat der Duden einige Regeln aufgestellt.

Danach kann ein Bindestrich in folgenden Fällen gesetzt werden:

a) wenn damit eine **bessere Lesbarkeit** von Wörtern gegeben ist, die normalerweise in einem Wort geschrieben werden
- *Comeback/Come-back*
- *Standby/Stand-by*

b) wenn ein Wortbestandteil **besonders hervorgehoben** werden soll
- *Icherzähler/Ich-Erzähler*
- *Kannbestimmung/Kann-Bestimmung*

c) zur **Gliederung** unübersichtlicher Zusammensetzungen
- *Umsatzsteuer-Tabelle, nicht: Umsatz-Steuertabelle*
- *Flüssigwasserstoff-Tank, nicht: Flüssig-Wasserstofftank*

d) beim Zusammentreffen von **drei gleichen Buchstaben**
- *Teeernte/Tee-Ernte*
- *Schrotttransport/Schrott-Transport*

e) zur Vermeidung von **Missverständnissen**
- *Musik-Erleben, Musiker-Leben*

Ein Bindestrich muss gesetzt werden:

a) wenn das Wort aus **mehreren, aneinandergereihten** Wörtern besteht
- *Mund-zu-Mund-Beatmung*
- *Erste-Hilfe-Kurs*

b) in **Zusammensetzungen** mit Einzelbuchstaben oder Abkürzungen
- *E-Mail*
- *Kfz-Werkstatt*

c) in Zusammensetzungen mit **Ziffern**
- *4-jährig*
- *20-seitig*

Ausnahme: Verbindungen aus Ziffern und Nachsilben werden hingegen ohne Bindestrich geschrieben (8tel, 80er).

d) in Zusammensetzungen, die als ersten Bestandteil eine Verbindung aus **Ziffern und Nachsilbe** enthalten
- *68er-Generation*
- *1000stel-Millimeter*

e) in Zusammensetzungen, in denen ein Bestandteil bereits einen **Bindestrich enthält**
- *E-Mail-Adresse*
- *Tages-Make-up*

f) in Zusammensetzungen aus **gleichrangigen Adjektiven**
- *süß-saure Sahne*

Ausnahme: Es steht jedoch kein Bindestrich, wenn das erste Adjektiv die Bedeutung des zweiten verstärkt (tiefblau, lauwarm).

Groß- und Kleinschreibung
Frage: ... und wie schreibe ich nach dem Doppelpunkt?

Der gefangene Floh. Der Gefangene floh.

Was stimmt jetzt? Die Groß- beziehungsweise Kleinschreibung macht es aus.

Schauen wir uns an, was von den Regeln, die Sie mal gelernt haben, noch übrig ist.

1. Großschreibung: Substantive
Substantive werden grundsätzlich großgeschrieben.

a) Die Bezeichnungen von Tageszeiten nach Adverbien* wie *gestern, heute, morgen* werden jetzt als Substantive angesehen und darum großgeschrieben.

- *vorgestern Nacht*
- *heute Morgen*
- *übermorgen Vormittag*

* Wörter wie *hier, bald, trotzdem, eilends*, die einen Sachverhalt im Satz räumlich, zeitlich, im Hinblick auf Gründe und Folgen, Qualität und Intensität und Ähnliches näher bestimmen, nennt man Adverbien oder auch Umstandswörter.

Tipp: Wenn Sie sich nicht sicher sind, setzen Sie einen Artikel vor die Tageszeit. Wenn der passt, schreiben Sie sie groß (die Nacht, der Morgen, der Vormittag).

b) Verbindungen von Wochentagen und eine Tageszeit bezeichnende Adverbien gelten als substantivische Zusammensetzungen und werden groß- und zusammengeschrieben.

- *Sonntagmorgen*
- *Dienstagmittag*
- *Mittwochabend*

c) Substantive in Verbindung mit einer Präposition* werden großgeschrieben.

- *in Bezug auf*
- *außer Acht lassen*

* Eine Präposition ist ein Wort, das Wörter zueinander in Beziehung setzt und ein bestimmtes (räumliches, zeitliches o. ä.) Verhältnis angibt; auch Verhältniswort genannt, z. B. *an, auf, bei, für, wegen, zu*.

2. Großschreibung: Adjektive und Partizipien*, die zu Substantiven werden (Substantivierung)

Wenn Sie ein Adjektiv oder ein Partizip zu einem Substantiv machen, behandeln Sie es bitte wie ein Substantiv: Schreiben Sie es groß!

- *das Gute, wir haben Folgendes/das Folgende geplant*
- *der zuletzt Genannte, die zu spät Gekommenen*
- *im Dunkeln tappen, zum Besten geben*
- *die Beste*

* Partizip: Auch Mittelwort genannt, da es eine Zwischenstellung zwischen Verb und Adjektiv einnimmt. Partizipien werden gebildet, indem an den Infinitivstamm des Verbs die Endung *-end/-nd* angehängt wird (Partizip I, z. B. das lachende Kind, der hungernde Hund) bzw. die Endung *-en/-et/-t* + häufig die Vorsilbe *-ge* (Partizip II, z. B. gelobt, geredet, gebunden).

3. Großschreibung: feste Verbindungen aus Substantiven und Adjektiven als Eigennamen

Eigennamen werden grundsätzlich großgeschrieben, auch darin enthaltene, normalerweise kleingeschriebene Adjektive:

- *der Deutsche Bundestag*
- *der Börsenverein des Deutschen Buchhandels*
- *die Kapverdischen Inseln*
- *das Rote Kreuz*
- *die Vereinten Nationen*
- *das Zweite Deutsche Fernsehen*

Wenn Sie sich nicht sicher sind, ob es sich tatsächlich um einen Eigennamen handelt, schauen Sie die Schreibweise einfach in den Internet-Suchmaschinen nach.

4. Groß- oder Kleinschreibung: bei festen Verbindungen aus Substantiven und Adjektiven

Hier ist die Frage, was Sie meinen. Meinen Sie einen feststehenden Begriff wie „Blauer Brief" oder meinen Sie einen Brief, der tatsächlich blau ist? Meinen Sie das „Schwarze Brett", an dem Mitteilungen hinterlassen werden oder meinen Sie das „Brett", das Sie zur Renovierung benötigen und das zufällig schwarz ist?

- *der blaue/Blaue Brief*
- *das schwarze/Schwarze Brett*
- *die gelbe/Gelbe Karte*
- *die erste/Erste Hilfe*
- *die kleine/Kleine Anfrage*

5. Groß- und Kleinschreibung: Mengenangaben

Mengen, die nicht in Ziffern angegeben werden können, können sowohl groß- als auch kleingeschrieben werden.

- *ein paar hundert/Hundert Schafe*
- *dutzende/Dutzende von Menschen*

6. Kleinschreibung: Adjektive und Partizipien mit Artikel, wenn sie ein Attribut (erläuternde Beifügung) zu einem Substantiv sind

Adjektive oder Partizipien mit Artikel, die sich direkt auf ein nachstehendes oder vorangehendes Substantiv beziehen (im angegebenen ersten Beispielsatz „Krawatten"), werden kleingeschrieben. Sie können als Attribut zum jeweiligen Substantiv aufgefasst werden.

- *Mir gefallen alle Krawatten sehr gut. Besonders mag ich die gestreiften und die gepunkteten (= die gestreiften und gepunkteten Krawatten).*
- *Sie war die aufmerksamste und klügste unter allen Zuhörerinnen.*
- *Das blaue ist mein Auto.*

7. Kleinschreibung: Achtung bei Wortgruppen mit dem Verb „sein"

Wenn Sie die folgenden Wörter nicht als Substantive, sondern in Verbindung mit dem Verb „sein" als Adjektive verwenden, schreiben Sie bitte alles klein:

angst	**schuld**
pleite	**gram**
bange	**wert**
recht	**leid**
ernst	

- *Mir war angst und bange.*
- *Sei mir nicht gram!*
- *Du bist schuld daran.*

So schreiben Sie nach dem Doppelpunkt
Wird nach einem Doppelpunkt groß oder klein weitergeschrieben? Eine Frage, die immer wieder heiß diskutiert wird. Dabei ist es hier wie bei allen anderen Rechtschreibregeln auch: Wenn man die Regel kennt, ist es ganz einfach.

Zunächst aber erst mal die Antwort: sowohl als auch! Es kommt darauf an.

Worauf?

1. Wenn nach einem Doppelpunkt eine **direkte Rede** folgt, dann schreiben Sie **groß** weiter. Egal, ob es sich um einen vollständigen Satz handelt oder nicht.

- *Er rief: „Das wäre ja noch schöner!"*
- *Sie antwortete: „Das wirst Du schon sehen!"*

2. Kann der Satz nach dem Doppelpunkt für sich alleine stehen, ist er also **vollständig**, schreiben Sie bitte in jedem Fall **groß** weiter.

- *Folgendes müssen Sie sich merken: Er wird immer pünktlich sein.*
- *Das konnte doch nicht wahr sein: Sie hatte den kompletten Kuchen aufgegessen.*

3. Ist der Satz nach einem Doppelpunkt **unvollständig**, kann er also nicht für sich allein stehen, dann schreiben Sie bitte **klein** weiter.

- *Eines war verwunderlich: dass niemand von dem Geschenk wusste.*
- *Sie fühlte sich nicht gut: irgendwie satt und faul.*

4. Fängt ein unvollständiger Satz oder eine Aufzählung nach einem Doppelpunkt mit einem **Substantiv** an, schreiben Sie selbst-

verständlich **groß** weiter (das hätten Sie aber sowieso gemacht, da bin ich sicher!).

- *Des Rätsels Lösung ist: Gliederfüßer, die die größte Tiergruppe im Regenwald darstellen.*
- *Folgende Materialien werden nächsten Monat nachgeliefert: Dichtungen, drei Rohre, Schläuche.*

Einfach, oder?

Noch ein Wort zur Anrede
An der Schreibweise der Anrede kann man häufig erkennen, wie alt der Verfasser ungefähr sein muss. Denn ältere Semester haben noch gelernt, dass die Anrede immer großgeschrieben werden muss.

Doch hier gab es eine Lockerung.

Die Anredepronomen ***Du/du*** (Singular) und ***Ihr/ihr*** (Plural) sowie die entsprechenden Possessivpronomen (besitzanzeigende Fürwörter) ***Dein/dein*** und ***Euer/euer*** können Sie in Briefen und E-Mails an **vertraute Personen** sowohl klein- als auch großschreiben. Es ist Ihre Entscheidung.

- *Liebe Paula, wie hat Dir/dir Dein/dein neues Rad gefallen?*
- *Herzliche Grüße, Deine/deine Andrea*

Sind Sie mit dem Empfänger allerdings per „**Sie**", ist diese Freiheit passé. Denn die Höflichkeitsanrede ***Sie*** und das entsprechende Possessivpronomen ***Ihr*** werden immer großgeschrieben.

- *Wie geht es Ihnen und Ihrem Mann?*
- *Sehr geehrter Herr Dr. Müller, wie Sie wissen, haben ...*
- *Haben Sie alles besprechen können?*

Verabschieden Sie sich von „bürokratisch"
Frage: Wieso soll ich denn meinen Stil ändern?
Ich schreibe nun mal eher konservativ.

Die Frage wäre dann nur, ob Ihr Arbeitgeber möchte, dass Sie im Büro auch so schreiben.

Denn Sprache befindet sich in stetem Wandel. Hier ein Beispiel aus früheren Zeiten:

Nachdem wir feststellen konnten, dass Ihre Preise und Zahlungsbedingungen günstigere sind als jene Ihrer Mitbewerber, und wir nach dem guten Rufe Ihrer Firma auf ein nicht minder gutes Erzeugnis rechnen dürfen, bestellen wir hiermit heute aufgrund Ihres Katalogs: ...

Wir hoffen, dass die tadellose und einwandfreie Erledigung unseres ersten Auftrages uns Veranlassung geben wird, unseren ferneren Bedarf bei Ihnen decken zu können und zeichnen, Ihre Bestätigung erwartend, hochachtungsvoll ...

Diese heute so herrlich antiquiert klingenden Formulierungen zeigen, wie sehr sich Sprache innerhalb eines Jahrhunderts verändern kann. So würde gegenwärtig wohl niemand mehr schreiben. Schon gar nicht, wenn es um professionelle Unternehmenskorrespondenz geht.

In der schriftlichen Kommunikation sind die Mittel, die einem Unternehmen zur Verfügung stehen, um ein Image zu prägen oder Unternehmenswerte nach außen zu vermitteln, begrenzt. Daher sollte ein besonderes Augenmerk auf den Sprachstil gelegt werden, den die Mitarbeiterinnen und Mitarbeiter des Unternehmens verwenden, wenn sie nach außen kommunizieren.

Und ich kenne kein Unternehmen, das von sich sagt: Wir möchten einen altmodischen und unmodernen Eindruck vermitteln. Dennoch halten sich zahlreiche unzeitgemäße Formulierungen erstaunlich lange.

Schauen wir uns das mal im Einzelnen an:

> *Für die Zusendung der Broschüre möchten wir uns recht herzlich bedanken.*

Das ist eine Formulierung, die noch sehr häufig zu finden ist und die doch um so viel kürzer und moderner sein könnte:

> *Vielen Dank für die Broschüre.*

Wer also unbürokratisch schreiben will, der verwendet kurze Sätze. Das spart nicht nur Zeit, sondern macht Ihre Texte auch verständlicher.

Hier habe ich noch ein paar Beispiele für Sie:

Standard	Besser
In der Hoffnung, Ihnen weitergeholfen zu haben, verbleiben wir …	Wir hoffen, dass wir Ihnen weitergeholfen haben.
… verbleiben wir mit freundlichen Grüßen …	Herzliche Grüße!
Eine Gutschrift in Form eines Verrechnungsschecks i. H. v. 78,50 Euro geht Ihnen in den nächsten Tagen zu.	In den nächsten Tagen erhalten Sie einen Verrechnungsscheck über 78,50 Euro.
z. Hd. Frau Ilse Müller	Ilse Müller
Bitte geben Sie uns rasch Bescheid. Andernfalls können wir Ihren Auftrag nicht berücksichtigen.	Bitte geben Sie uns rasch Bescheid, damit wir Ihren Auftrag berücksichtigen können. Vielen Dank.
Wir bestätigen Ihnen den Eingang Ihrer Unterlagen.	Wir haben Ihre Unterlagen erhalten. Vielen Dank.
Bezugnehmend auf unser Telefonat schicken wir Ihnen beiliegend die gewünschten Informationen.	Vielen Dank für das freundliche Telefonat. Sehr gern schicken wir Ihnen …

„Möchten" und „würden" Sie noch?
Frage: Wie soll ich es denn sonst schreiben?

Bei einem der letzten großen Kommunikationsskandale stand nach Tagen schmachvoller Veröffentlichungen der Präsident des Unternehmens vor den Kameras und sagte geläutert: *„Ich möchte mich entschuldigen!"*. Dem bleibt eigentlich nur noch hinzuzufügen: *„Na, dann machen Sie das doch!"*.

Sicher hatte er es nicht so gemeint, aber diese Entschuldigung wirkte eben nicht als solche. Denn er hatte ja nur seine Absicht geäußert, es tun zu wollen. Aber direkt entschuldigt hat er sich nicht. Sonst hätte er gesagt: *„Ich entschuldige mich!"*. Das wäre glaubwürdiger gewesen.

Genauso verhält es sich mit der zweiten Formulierung dieser Art, die, ebenfalls oft verwendet, leider auch nur eine Absichtserklärung ist: „würde".

Wir würden uns freuen, wenn Sie ...

heißt eben noch nicht, dass Sie sich freuen.

All dies sind eingefahrene Formulierungen, die meist völlig unreflektiert verwendet werden. Doch sollte man bedenken: Auch sie haben eine Außenwirkung und hinterlassen einen Eindruck bei Kunden oder Geschäftspartnern.

Deshalb der Appell an Sie: **Seien Sie konkret!**

Auch wenn es Ihnen am Anfang ungewohnt direkt vorkommt. In Verbindung mit kürzeren Sätzen und einem klugen Einsatz von Verben und bejahenden Formulierungen wirkt Ihre Sprache sofort klar, substanziell und modern.

Und das ist es doch, was Sie wollen, oder?
(siehe auch „Benutzen Sie Verrrrben" und „Lieber ‚Ja' als ‚Nein'")

Benutzen sie Verrrrben!
Frage: Wozu Verben?

Mal ehrlich! Haben Sie schon einmal einen Behördenbrief mit Genuss gelesen, der nicht gerade eine Steuerrückzahlung in vierstelliger Höhe angekündigt hat? Unabhängig vom Inhalt empfinden viele den hölzernen Behördenschreibstil, der eine große Distanz zwischen uns, den Lesern und den Verfassern schafft, als oft schwer lesbar. Sie auch?

Woran liegt das?

In der Einleitung haben Sie bereits gelesen, dass in den 70er und 80er Jahren ein Sprachstil geprägt wurde, der vor allem von Substantiven dominiert war. In dieser Zeit entstanden viele Formulierungen, die zwar kurz und prägnant, jedoch wenig kundenorientiert waren und meist auch nicht besonders freundlich klangen.

Die meisten Behörden nutzen diesen von Substantiven regierten Sprachstil noch heute, obwohl es kürzere, höflichere und leserfreundlichere Formulierungen gibt. Behördenschreiben sind daher immer ein schönes Beispiel dafür, wie Unternehmen heute NICHT mehr schreiben sollten. (Jede Behörde, die ihren Sprachstil überarbeitet hat, ist von dieser Kritik natürlich ausgenommen.)

Vielleicht gibt es nun ja den einen oder anderen unter Ihnen, der sich jetzt fragt, warum die Sprache der Behörden hier eigentlich so schlecht wegkommt. Denn schließlich transportiert dieser Sprachstil doch alle Fakten, und dies kurz und prägnant, und man will ja auch keine Romane schreiben. Das stimmt, aber vergessen Sie nie: Sie repräsentieren ein Unternehmen, das mit Sicherheit als kundenfreundlich wahrgenommen werden will.

Die Frage ist also, wie schaffen Sie es, alle Fakten zu vermitteln, ohne Romane zu schreiben und dabei trotzdem kundenorientiert zu bleiben?

Zweifeln Sie alle Wörter mit -ung, -heit und -keit an!

Warum? Nun, Schreiben im Nominalstil, also vorrangig mit Substantiven, werden nicht als dialog- und kundenfreundlich wahrgenommen. Schauen wir uns an, warum das so ist:

Wir bitten um Überweisung des vereinbarten Betrages.

„Überweisung" ist in diesem Satz das Substantiv. Wenn Sie dieses durch ein Verb ersetzen, verändert sich sofort die Tonalität:

Bitte überweisen Sie den vereinbarten Betrag.

Wie Sie sehen, wird durch das Verb „überweisen" aus der distanzierten Formulierung die Aufforderung, etwas zu tun (den Betrag zu überweisen) und durch die Verwendung der Anrede „*Sie*" eine direkte Ansprache (siehe auch „Personalisieren Sie").

Außerdem: Aus der Formulierung

„*Wir bitten um ...*" (na, dann tun Sie das doch!)

wird die direkte Bitte: „*Bitte überweisen Sie ... .*

Also: Ersetzen Sie das Substantiv durch ein Verb, wo immer das sinnvoll ist.

Noch ein Beispiel:

> *Wir bestätigen den Erhalt der notwendigen Daten.*

„Erhalt" ist hier das Substantiv, das durch ein Verb ersetzt werden kann:

> *Wir haben die notwendigen Daten erhalten.*
> *Vielen Dank.*

Und: Überraschung! Die neuen Sätze klingen nicht nur freundlicher und professioneller, sie sind mitunter sogar kürzer als die herkömmlichen Formulierungen.

Hier sind noch weitere Beispiele:

Standard	Besser
Die Unterzeichnung der Unterlagen vorausgesetzt, kann dieser Vertrag Gültigkeit erlangen.	Der Vertrag wird gültig, sobald Sie ihn unterschrieben haben.
Wir werden die Übersendung der Reiseunterlagen in den nächsten Tagen vornehmen.	Rechnen Sie daher in den nächsten Tagen mit Ihren Reiseunterlagen.
Die Sanierung wird bis März abgeschlossen sein.	Bis März haben wir alles saniert.

Drei gleiche Buchstaben – Achtung
*Frage: Drei gleiche Buchstaben,
auch wenn ein Vokal folgt?*

Wer noch im Kopf hat, dass sich die *„Schifffahrt"* mit nur zwei *„f"* schreibt, weil ein Vokal (*„a"*) folgt, der liegt falsch.

Tatsächlich werden jetzt bei **ALLEN** Wörtern, in denen drei gleiche Buchstaben aufeinanderfolgen, auch alle Buchstaben geschrieben.

Das kann bei einigen Wörtern sehr eigenartig aussehen, ist aber trotzdem richtig:

- *helllila*
- *schnelllebig*
- *seeerfahren*
- *stilllegen*

Darum ist es durchaus erlaubt, in solchen Fällen im Sinne der besseren Lesbarkeit einen Bindestrich zu verwenden. Das ist besonders bei Substantiven sinnvoll (siehe auch: „Der Bindestrich"):

- *Tee-Ei*
- *Schwimm-Meisterschaften*
- *Auspuff-Flammen*
- *Geschirr-Reiniger*
- *Wett-Turnier*
- *Zoo-Organisation*

Wie gesagt, man kann, muss aber nicht. Es ist Ihre Entscheidung. Wichtig ist nur, dass Sie alle Buchstaben hinschreiben und keinen, wie früher, weglassen.

Eine Vereinfachung, oder?

Trennen Sie die Silben
Frage: Na, das ist doch einfach ... oder?

Generell gilt: Man trennt im Deutschen mehrsilbige Wörter am Zeilenende so, wie sie sich bei langsamem Sprechen in Silben zerlegen lassen. *„Trenne nie s-t, denn es tut ihm weh!",* diese Regel gehört damit der Geschichte an.

Vorsicht also bei Trennungen, die Ihnen zunächst eigenartig vorkommen, nach aktueller Rechtschreibung aber völlig korrekt sind:

zwischen s-t:
- *Fens-ter*
- *sechs-te*

vor sch/ch/ck:
- *Fla-sche*
- *la-chen*
- *Bä-cker*

Den „ck"-Laut mit zweimal „k" zu trennen, ist, wie Sie gesehen haben, auch schon wieder Geschichte. Er kommt nun geschlossen auf die neue Zeile.

Einzelvokale
Einzelne Vokale (*a, e, i, o, u*) am Wortanfang oder -ende werden entgegen dem Prinzip der Trennung nach Sprechsilben nicht abgetrennt.

- *Über-see, nicht: Ü-ber-see*
- *Fluss-aue, nicht: Fluss-au-e*
- *Feier-abend, nicht: Feiera-bend*

Trennungsvarianten
Fremdwörter können nach Sprechsilben getrennt werden, doch auch die bisherige Trennung dieser Wörter bleibt zulässig. Sie haben also zwei Möglichkeiten:

- *Pä-da-go-gik*
- *Pä-d-a-go-gik*

- *He-li-kop-ter*
- *He-li-ko-p-ter*

- *Li-no-le-um*
- *Li-n-o-le-um*

- *in-te-res-sant*
- *in-te-r-es-sant*

Missverständnisse vermeiden
Trennungen, die den Leseablauf stören oder den Wortsinn entstellen, sollte man vermeiden:

- *Spar-gelder, nicht: Spargel-der*
- *be-inhalten, nicht: bein-halten*
- *Sprech-erziehung, nicht: Sprecher-ziehung*

Lieber „Ja" als „Nein"

Frage: Wie soll ich das denn machen, wenn ich etwas Negatives mitteilen muss?

Bei dem ganzen Thema Sprachgestaltung geht es im Grunde immer nur um eins: Welchen Eindruck vermitteln die Texte, die Sie für Ihr Unternehmen schreiben, nach außen? Also in Richtung Interessenten, Kunden und Geschäftspartner.

Unabhängig von den jeweiligen individuellen Werten will natürlich jedes Unternehmen korrekt und professionell, kunden- und dialogorientiert, zuverlässig und freundlich wirken. Und eine bejahende Sprachgestaltung ist neben anderen ein Weg, genau das zu erreichen (siehe auch „Benutzen Sie Verrrrben", „Verabschieden Sie sich von ‚bürokratisch'" und „Personalisieren Sie").

Und das funktioniert wie folgt: Schreiben Sie in Ihren Texten nicht, was warum nicht geht, sondern schreiben Sie, was auf welche Weise ab wann möglich ist. Betonen Sie also die Chancen und nicht die verpassten Gelegenheiten. Nutzen Sie die positiven Aspekte des Briefinhalts und verstärken Sie diese.

Wenn Sie jetzt nur noch Fragezeichen sehen, hier ein Beispiel:

Wir können Ihnen die Ware nicht vor September liefern.

Die negative Aussage ist, dass die Ware im Moment nicht vorrätig ist und nicht vor September geliefert werden kann.

Umgewandelt in eine positive Aussage heißt das, dass die Ware ab September wieder verfügbar ist und ausgeliefert werden kann. Dann schreiben Sie es doch auch so:

> *Wir können Ihnen die Ware wieder ab September liefern.*

Fast derselbe Satz, nur eben ohne die negative Einschränkung „nicht vor".

Oder, wo es passt:

> *Gute Nachrichten: Ab September können wir Ihnen die Ware wieder liefern.*

Noch ein Beispiel:

> *Wegen einer Betriebsversammlung bleibt unser Geschäft bis 14 Uhr geschlossen.*

Die sich daraus ergebene negative Aussage: *Wir sind bis 14 Uhr NICHT für unsere Kunden da.*

Die positive Aussage: *Ab 14 Uhr sind wir wieder für unsere Kunden da.* Also, vermeiden Sie die negative Formulierung und betonen Sie, ab wann Sie wieder geöffnet haben:

> *Wir sind heute ab 14 Uhr wieder ganz für Sie da.*

Ob der Kunde wegen einer Betriebsversammlung, Betriebsferien oder einer Geschäftsrenovierung vor verschlossener Tür steht, interessiert ihn im Grunde auch nicht.

Er will nur wissen, ab wann wieder geöffnet ist.

Und noch ein paar Beispiele:

Standard	Besser
Der Vertrag ist nicht gültig, da Ihre Unterschrift fehlt.	Der Vertrag wird gültig, sobald Sie ihn unterschrieben haben.
Die Ware ist erst ab April wieder verfügbar.	Die Ware ist ab April wieder verfügbar.
Vor März können wir die Sanierung nicht abschließen.	Im März haben wir alles saniert.

Das heißt nicht, dass Sie nie wieder etwas Negatives schreiben dürfen. Wenn der Sachverhalt problematisch ist, müssen Sie das natürlich auch so schreiben. Aber versuchen Sie trotzdem, die negativen Einschränkungen so gering wie möglich zu halten.

Tipp: Nach einer freundlichen und individuellen Einleitung lässt sich eine negative Nachricht meist besser „verdauen".

Zusammen- und Getrenntschreibung
Frage: Na, das ist doch einfach ... oder?

Was soll sich hierbei schon verändert haben? Es ist doch völlig klar, wann Wörter zusammen- oder auseinandergeschrieben werden!

Das dachten sich auch die Hersteller einer Instantsuppe, als sie „Zwiebel Suppe" auf die Verpackung der Brühmischung schrieben. Daran sehen Sie, dass Sie sich auch nicht darauf verlassen können, dass alles korrekt geschrieben ist, was Ihnen in Ihrem täglichen Umfeld so begegnet (siehe auch „Die Zzzzischlaute").

Also, wie ist das jetzt mit der Zusammen- und Getrenntschreibung? Die gute Nachricht: In den Fällen, in denen es nicht eindeutig ist, erlaubt der Duden beide Schreibweisen.

Die Frage ist nur: Wann ist es nicht eindeutig? Um die Regeln hierfür zu erläutern, braucht der Duden immerhin zehn Seiten – ein Hinweis darauf, dass die Frage nach „zusammen oder getrennt" doch nicht sooo leicht zu beantworten ist.

Da aus Ihnen mit diesem Ratgeber aber keine Sprachwissenschaftler gemacht werden sollen, finden Sie im Folgenden erst mal nur die Faustregeln zur Getrennt- und Zusammenschreibung.

Und die sind eigentlich ganz überschaubar.

1. Verbindungen mit dem Hilfsverb *sein* werden generell getrennt geschrieben.

- *da sein*
- *dabei sein*
- *zurück sein*

2. Verbindungen aus einem Substantiv + Verb schreibt man in der Regel getrennt.

- *Rad fahren*
- *Klavier spielen*
- *Maschine schreiben*

Ausnahmen

a) Wenn in diesen Verbindungen das Substantiv jedoch verblasst ist, das heißt nicht mehr als eigenständig erkannt wird, wird klein- und zusammengeschrieben.

- *stattgeben*
- *feilbieten*
- *teilhaben*

b) Wenn Substantive mit Verben eine untrennbare Zusammensetzung bei der Konjugation (Verb-Beugung) bilden, wird ebenso klein- und zusammengeschrieben.

- *bergsteigen (*ich steige *berg*, du steigst *berg*, das geht schließlich nicht!*)*
- *bausparen*
- *nachtwandeln*
- *schlussfolgern*

3. Verbindungen aus einem Infinitiv + Verb werden im Allgemeinen getrennt geschrieben.

- *spazieren gehen*
- *lesen üben*
- *laufen lernen*

Ausnahmen

a) Sowohl Getrennt- als auch Zusammenschreibung ist möglich, wenn Verbindungen mit *lassen* oder *bleiben* in übertragener, also nicht wörtlicher Bedeutung gebraucht werden.

- *platzen lassen/platzenlassen (= absagen)*
- *sitzen bleiben/sitzenbleiben (= in der Schule nicht versetzt werden)*
- *liegen bleiben/liegenbleiben (= unerledigt bleiben)*

b) Dasselbe gilt auch für das Verb kennen lernen/kennenlernen.

4. Verbindungen aus einem Adjektiv + Verb können getrennt oder zusammengeschrieben werden, wenn es sich um ein einfaches Adjektiv handelt, das das Ergebnis eines Vorgangs bezeichnet.

- *die Bank blank putzen/blankputzen (-> die Bank ist dann sauber)*
- *das Gemüse klein schneiden/kleinschneiden (-> das Gemüse ist dann klein)*
- *den Teller leer essen/leeressen (-> der Teller ist dann leer)*
- *sich die Haare schwarz färben/schwarzfärben (-> die Haare sind dann schwarz)*

Ausnahme

Ergibt sich aus Adjektiv + Verb eine neue Gesamtbedeutung, so muss zusammengeschrieben werden.

- *einen Gegner kaltstellen (= jemanden politisch ausschalten)*
- *jemanden auf einen Termin festnageln (= festlegen)*
- *einen Sachverhalt richtigstellen (= berichtigen)*

5. Zusammensetzungen aus Adverb* + Verb werden zusammengeschrieben, wenn die Betonung auf dem Adverb liegt.

- *wiedersehen*
- *davonlaufen*
- *vorwegnehmen*
- *zurücksenden*

* Wörter wie *hier, bald, trotzdem, eilends*, die einen Sachverhalt im Satz räumlich, zeitlich, im Hinblick auf Gründe und Folgen, Qualität und Intensität und Ähnliches näher bestimmen, nennt man Adverbien oder auch Umstandswörter.

6. Verbindungen aus *so* beziehungsweise *wie* und einer Form von *viel* werden getrennt geschrieben.

- *so viel, so viele*
- *wie viel, wie viele*

Aber: Die Konjunktion* *soviel* wird nach wie vor zusammengeschrieben: z. B. *Soviel ich weiß, findet die Veranstaltung morgen statt.*

* Konjunktion: Bindewort, das Wörter, Wortgruppen oder Sätze miteinander verbindet und nicht veränderbar ist. Zum Beispiel: *und, oder, aber, nachdem, weil*.

7. Verbindungen mit *irgend-* werden zusammengeschrieben.

- *irgendetwas*
- *irgendjemand*
- *irgendwer*
- *irgendwann*

Fremdwörter – eingedeutscht
Frage: Wie schreibe ich denn Fremdwörter jetzt – original oder eingedeutscht?

Immer wieder gibt es kritische Anmerkungen darüber, dass zu viele Anglizismen Eingang in die deutsche Sprache finden. Dabei haben auch andere Sprachen schon viel früher einen erheblichen Einfluss auf unsere Sprache genommen. Zu erkennen sind diese Wörter meist an der Schreibweise mit „th", „ph", „tial" und „tiell".

Im Zuge der Rechtschreibreform wurde jedoch beschlossen, die Anpassung von Fremdwörtern an das Deutsche, wenn zunächst auch nur gemäßigt, zu fördern.

Über den Sinn oder Unsinn dieses Vorgangs kann man geteilter Meinung sein. Fakt ist, dass einige häufig verwendete Wörter aus dem Französischen, Griechischen und Italienischen der deutschen Schreibweise angeglichen wurden. Allerdings ist auch noch die ursprüngliche Variante neben der eingedeutschten erlaubt. Sie können also beides schreiben.

ph/f
- *Geographie/Geografie*
- *Mikrophon/Mikrofon*
- *Photographie/Fotografie*
- *Delphin/Delfin*

th/t
- *Panther/Panter*
- *Thunfisch/Tunfisch*

-tial/-tiell am Ende des Stammwortes wird zu z
- *Differential/Differenzial*
- *substantiell/substanziell*

gh/g
- *Joghurt/Jogurt*
- *Spaghetti/Spagetti*

ai/ä
- *Mayonnaise/Majonäse*

é/ee
- *Varieté/Varietee*

rh/r
- *Hämorrhoiden/Hämorriden*

Und wo wir gerade schon bei Fremdwörtern sind, hier eine kleine Liste von Anglizismen, die aus unserem täglichen Sprachgebrauch nicht mehr wegzudenken sind (diese Liste ließe sich natürlich noch erheblich verlängern):

- *Go-in*
- *Make-up*
- *Commonsense/Common Sense*
- *Happyend/Happy End*
- *Smalltalk/Small Talk*
- *Shortstory/Short Story*
- *Softdrink/Soft Drink*
- *Fastfood/Fast Food*
- *Hotdog/Hot Dog*

Und by the way: Es finden auch reichlich deutsche Wörter ihren Weg in die englische Sprache, zum Beispiel: Kindergarten, Autobahn, Dummkopf oder Bratwurst.

Tipp: Wenn Sie sich nicht sicher sind, ein Blick in den Duden hilft immer.

Die Abwesenheitsnotiz
Frage: Was kommt rein? Was nicht?

Sie kennen das: Sie fahren in den Urlaub oder haben frei oder andere Gründe, warum Sie gerade nicht arbeiten.

Eine Abwesenheitsnotiz muss her.

Eigentlich keine große Sache, sollte man meinen. Doch es ist schon erstaunlich, wie viele eher schlechte als gelungene Abwesenheitsnotizen von Unternehmen verschickt werden. Dabei sind sie ein wichtiges Kommunikationsinstrument.

Denn sie kommunizieren mit Kunden und Geschäftspartnern, wenn der Ansprechpartner selbst nicht erreichbar ist. Und damit vermittelt auch die Abwesenheitsnotiz ein Unternehmensbild nach außen – ob gewollt oder ungewollt.

Tipp: Schaffen Sie doch einfach einen für alle Mitarbeiter des Unternehmens einheitlichen Text, der mit der Geschäftsführung abgestimmt ist. Richten Sie sich bei der Formulierung nach den Empfehlungen für einen bejahenden und mit Verben ausgestatteten Sprachstil sowie einen gelungenen Textbeginn und Textschluss (siehe die Kapitel „Lieber ‚Ja' als ‚Nein'", „Benutzen Sie Verrrrben", „Der perfekte Textbeginn" und „Das perfekte Textende").

Der folgende Wortlaut wäre denkbar:

Vielen Dank für Ihre E-Mail/Ihre Nachricht.
(Dank für die Nachricht)

Sie erreichen mich wieder persönlich ab <Datum>
(bejahend formulieren, persönliche Ansprache)

Wenn das in Ihrem Unternehmen so gehandhabt wird:
Bis dahin wird Ihre E-Mail archiviert, aber nicht weitergeleitet.

In dringenden Fällen wenden Sie sich bitte an: ...
(Appell, persönliche Ansprache)

Name <Vor- und Nachname>, E-Mail: <E-Mail-Adresse des Mitarbeiters>, Telefon (keine Abkürzung): <Telefonnummer des Mitarbeiters>.
(Angabe der Vertretung inklusive Kontaktdaten)

Vielen Dank.
(Dank nach der Bitte)

Achtung bei inflationärem Einsatz
Völlig unnötig sind allerdings Abwesenheitsnotizen, die darüber informieren, dass der Ansprechpartner HEUTE nicht mehr zu erreichen ist (das merkt man dann schon, wenn heute eben keine Antwort mehr kommt. Und wenn es dringend ist, wird sowieso angerufen).

Denn bei einem inflationären Einsatz von Abwesenheitsnotizen besteht die Gefahr, dass die Empfänger dieser Notiz den Inhalt gar nicht mehr komplett lesen und dann tatsächliche lange Abwesenheiten nicht registrieren. Alles schon passiert.

Die Folgen daraus sind dann für alle Beteiligten ärgerlich.

Brief versus E-Mail

Frage: Wo ist hier der Unterschied?
Was mache ich bei einer E-Mail anders?

Dass die E-Mail den Brief zum großen Teil als Kommunikationsmedium abgelöst hat, haben Sie schon in der Einleitung gelesen. E-Mail-Kommunikation geht eben schneller und gibt durch die „Gesendet"-Archivierung immer einen Überblick, wann wem was geschickt wurde. Ein kurzer Klick und die E-Mail ist auf dem Weg. Perfekt.

Doch der kurze Klick hat es in sich. Wie oft haben Sie schon geklickt und … ooops … Schreibfehler übersehen oder eine Anlage vergessen? Kann alles mal passieren, aber bei einem Brief wäre Ihnen das nicht so leicht durchgerutscht.

Das wird jetzt kein Plädoyer für den Brief. Aber Fakt ist, dass wir uns für einen Brief früher mehr Zeit genommen haben. Da wurde genau über die Betreffzeile nachgedacht, der Brief wurde fehlerfrei getippt, ausgedruckt, noch einmal Korrektur gelesen, womöglich zur Unterschrift vorgelegt, vom Unterzeichner nochmal geprüft und erst dann verschickt (Office-Programme helfen im Übrigen auch bei E-Mail-Texten mit Tippfehlerhinweisen).

Will sagen, der Brief durchlief einfach mehr Kontrollstellen, während die E-Mail mal eben schnell verschickt werden kann. Dabei dürfen wir aber nicht vergessen, dass jedes Schreiben, auch die E-Mail, einen Eindruck von Ihrem Unternehmen vermittelt – bei Interessenten, Kunden und Geschäftspartnern. Und wenn sich die E-Mails häufen, in denen Fehler enthalten oder die lax formuliert sind, vertieft sich bei den Empfängern womöglich ein Eindruck, der so nicht gewollt ist.

Daher: Bitte prüfen Sie Ihre E-Mails so sorgfältig auf Schreibfehler und Formulierungen, wie Sie es bei einem Brief getan hätten. Denn eine E-Mail ist im Grunde genauso ein Brief, eben nur einer, der elektronisch verschickt wird.

Wie locker darf in einer E-Mail formuliert werden?

Die E-Mail ist ein schnelles Kommunikationsmedium. Sollten daher nicht auch die Inhalte schneller erfassbar sein? Dürfen wir also auf umständliche Formulierungen verzichten und uns stattdessen kurz und knapp ausdrücken? Auch mit Abkürzungen?

Die Betreffzeile

Es ist ganz unterschiedlich, wie viele E-Mails pro Tag jeder Mensch bekommt, der in einem Büro arbeitet. Sicher ist aber, dass es mehr werden und dass die Bearbeitung aller E-Mails immer mehr Zeit in Anspruch nimmt.

Um also schnell im Bilde zu sein, geht der erste Blick in Richtung Absender und Betreffzeile. Hier treffen wir die erste Entscheidung: wichtig oder nicht?

Formulieren Sie daher immer eine aussagekräftige Betreffzeile, die den Inhalt Ihrer E-Mail zusammenfasst. Vermeiden Sie inhaltslose Formulierungen wie „Hallo", „Gruß und Info aus Berlin" oder „Frage". Fassen Sie stattdessen den Inhalt Ihrer E-Mail zusammen (also nicht: „Aktueller Stand Ihrer Bestellung", sondern: „Ihre Bestellung wurde verschickt") und beschränken Sie sich auf ein Thema. So kann Ihr Gegenüber Ihre E-Mail besser archivieren.

Tipp: Formulieren Sie den Betreff erst am Schluss. Denn es ist schwierig, den Inhalt einer E-Mail zusammenzufassen, wenn sie noch gar nicht geschrieben ist.

Formulierungen
Anreden wie „Hey", „Tschüssie" oder „ByBy" sind außerordentlich privat – und genau da, im Privaten, sollten Sie auch bleiben. In einer E-Mail, die Sie im Namen Ihres Unternehmens versenden, sollte eine professionelle Unternehmenstonalität vorherrschen. Auch Abkürzungen wie „MfG", „VG, „LG", „THX" oder auch die immer wieder verwendeten **Smileys** in allen Varianten sind im professionellen Umfeld eher unangebracht.

Formulieren Sie E-Mail-Texte bitte so, wie Sie es bei einem Brief auch machen würden: inhaltlich aussagekräftig, in der Formulierung klar und konkret sowie freundlich-professionell in der Ansprache. Ihr Gegenüber hat ansprechende und korrekte Texte verdient.

E-Mails vermeiden
In verschiedenen Unternehmen gibt es bereits Initiativen, die E-Mail-Kommunikation massiv einzudämmen. Dieser Schritt zurück zur persönlichen Abstimmung face-to-face oder via Telefon ist das Ergebnis von wahren E-Mail-Fluten. Denn, ausgelöst durch das inflationäre Weiterleiten von E-Mails an Kollegen in CC, kämpfen Menschen in Unternehmen manchmal mit hunderten E-Mails pro Tag.

Greifen Sie daher doch lieber öfter mal wieder zum Telefon. Im direkten Gespräch lassen sich oft auch schneller Ergebnisse erzielen.

Formulierungsalternativen

Gerade im Nachmittagstief? Oder soeben eine dreistündige Sitzung hinter sich?

Da fällt es nicht immer leicht, gleich die passenden Worte zu finden.

Die Formulierungen, die Sie in der folgenden Liste finden, sind Vorschläge, die Sie inspirieren und unterstützen sollen, wenn es mal wieder länger dauert (manche haben Sie schon in den einzelnen Kapiteln kennengelernt).

Standard	Besser
Wir möchten Sie bitten, uns die Unterlagen ausgefüllt zurückzuschicken.	Bitte seien Sie so nett und schicken uns die ausgefüllten Unterlagen wieder zurück. Vielen Dank.
In der Hoffnung, Ihnen weitergeholfen zu haben, verbleiben wir mit herzlichen Grüßen	Wir hoffen, dass wir Ihnen weitergeholfen haben. Herzliche Grüße
Wir bitten um Übersendung der benötigten Unterlagen.	Bitte senden Sie uns die (benötigten) Unterlagen.

Die Sanierung der Wohnung endete vor drei Monaten.	Die Wohnung wurde vor drei Monaten saniert.
Wir bestätigen den Erhalt der notwendigen Papiere.	Wir haben die notwendigen Papiere erhalten. Vielen Dank.
Die Unterzeichnung der Unterlagen vorausgesetzt, kann dieser Vertrag Gültigkeit erlangen.	Der Vertrag wird gültig, sobald Sie ihn unterschrieben haben.
Wir werden die Überweisung i. H. v. 125 Euro in den nächsten Tagen vornehmen.	Wir überweisen in den nächsten Tagen 125 Euro auf Ihr Konto. *oder* Rechnen Sie in den nächsten Tagen mit einer Überweisung von 125 Euro.
Die Überprüfung wird bis März abgeschlossen sein.	Bis März haben wir alles überprüft.
Wir empfehlen zur Wintersaison den Wechsel der Reifen.	Wir empfehlen, zur Wintersaison die Reifen zu wechseln.
Für die Zusendung der Broschüre möchten wir uns recht herzlich bedanken.	Vielen Dank für die Broschüre.
Wir danken Ihnen für Ihre Bemühungen.	Vielen Dank für Ihre Unterstützung.

In der Anlage schicken wir Ihnen die angeforderten Unterlagen.	Sehr gern schicken wir Ihnen die angeforderten Unterlagen.
z. Hd. Frau Ilse Müller	Ilse Müller
… und verbleiben bis auf Weiteres mit freundlichen Grüßen	Freundliche Grüße …
Bitte geben Sie uns rasch Bescheid. Andernfalls können wir Ihren Auftrag nicht berücksichtigen.	Bitte geben Sie uns rasch Bescheid, damit wir Ihren Auftrag berücksichtigen können.
Hiermit möchten wir uns entschuldigen.	Entschuldigen Sie bitte, dass …
Wir freuen uns, Sie als Neukunde bei … begrüßen zu dürfen.	Herzlich willkommen bei …!
Der Vertrag ist nicht gültig, da Ihre Unterschrift fehlt.	Der Vertrag wird gültig, wenn Sie ihn unterschrieben haben.
Die Ware ist erst ab April wieder verfügbar.	Die Ware ist ab April wieder verfügbar.
Alle darüber hinausgehenden Fragen haben wir im Internet unter „FAQs" beantwortet.	Alle darüber hinausgehenden Fragen (und Antworten) finden Sie im Internet unter „FAQs".

Wegen der Feiertage haben wir bis 2. Januar geschlossen.	Wir sind ab 3. Januar wieder für Sie da.
Wir können die Gutschrift nicht durchführen, wenn uns nicht Ihre Kontodaten vorliegen.	Bitte geben Sie uns Ihre Kontodaten, damit wir Ihnen den Betrag gutschreiben können.
Die Ware schicken wir Ihnen nach Eingang des Betrages zu.	Sobald Sie bezahlt haben, schicken wir Ihnen die Ware zu.
Wir möchten Sie bitten, uns die Reiseteilnehmer zu benennen.	Bitte nennen Sie uns die Namen der Reiseteilnehmer. Vielen Dank.
Wir schicken Ihnen diese Informationen vorab per E-Mail zu.	Sie bekommen die Informationen vorab per E-Mail.
Wir bestätigen Ihnen den Erhalt der uns zugesandten Unterlagen.	Vielen Dank, dass Sie uns die notwendigen Unterlagen (zu-)geschickt haben.
Wir bitten Sie in dieser Sache um einen Rückruf.	Bitte rufen Sie uns zurück. Vielen Dank.
Anbei das gewünschte Dokument.	Wie besprochen schicken wir Ihnen gern das gewünschte Dokument.

Für Ihre Fragen stehen wir Ihnen jederzeit gerne zur Verfügung.	Sie haben Fragen? Wir helfen Ihnen gern weiter.
In Bezug auf Ihre E-Mail vom ...	In Ihrer E-Mail vom ...

Quellenhinweise

Der Duden, Die deutsche Rechtschreibung, Band 1,
26. Ausgabe, 2013.

Aurel Gergey, Besser schreiben lernen, Bern, Juni 2013.
www.gergey.com/besser-schreiben-lernen.pdf

Dr. Carl Otto, Der Haussekretär, Berlin, um 1910

Erhard Schätzlein/Erik Deutscher, Praxisbuch Geschäftsbriefe,
1998.

Henry Schmedemann, Geschäftsbriefe und Reden,
Planegg 2001.

www.orthografietrainer.net

www.wikipedia.de
    deutsche Rechtschreibung, 2014
    Liste deutscher Wörter im Englischen, 2014